AF336649

rendu imparfait par un moine, de plus
il est très piqué a lafin.

tâché et raccommodé

rendu avec des mouillures,

mouillé et piqué.

Cailleau

Mlle Hodot

la même

la même

Merlin

~~Clerc~~ Merlin

Chobee.

Merlin.

Mlle Hodot
Harré.

Mlle Hodot

NOTICE DES LIVRES

DE FEU M. LE PITRE,

PROFESSEUR DE RHÉTORIQUE AU COLLÉGE DE VERSAILLES;

Dont la Vente se fera les lundi 15, et mardi 16 octobre 1821, en l'une des Salles de l'Hôtel de Bullion, rue J. J. Rousseau, n° 3, à six heures de relevée.

N° I. 12 *vol. in-fol.* dont :

Lexicon græco-latinum Jac. Tusani. *Parisiis*, 1552, dem. rel. — 4.

Plutarchi Opera, gr. et lat. *Lugd. Bat. (Francof.)* 2 vol. bas. — ~~35 - 6f~~ 27 - 5.

J. Stobæi Sententiæ, gr. et lat. *Tiguri*, 1559, bas. — 7 - 50.

Herodoti Historiæ, gr. et lat. *Excud. Paul. Stephanus*, 1618, v. m. — 11 - 5.

Strabonis Geographia, gr. et lat. stud. T. J. ab Almeloveen. *Amst.* 1707, 2 vol. vél. — 45 - 5.

Demosthenis et Æschinis Opera, gr. et lat. *Colon. Allobr.* 1607, v. f. dent. — 14 - 95.

Platonis Opera, gr. et lat. ex interpr. Mars. Ficini. *Francof.* 1602, v. f. — 34 - 5.

N° II. 13 *vol. in-fol.* dont :

Virgilii Opera, cum not. L. de la Cerda. *Lugduni*, 1619, 3 vol. in-fol. v. b. — 15.

Æliani Opera, gr. et lat. *Tiguri*, v. f. — 11.

Themistii Orationes, gr. et lat. cum observ. J. Harduini. *Parisiis, e typ. reg.* 1684, v. m. — 16 - 95.

Senecæ philosophi Opera. *Parisiis*, 1602, dem. rel. }
Xenophontis Opera, gr. et lat. opera J. Leunclavii. *Francof.* 1596, v. b. } — 11 - 60.

A

(2)

3..20 Plinii Hist. naturalis, stud. J. Dalecampii. *Aurel. Allobr.* 1606, *rel. en peau.*

N° III. 20 *vol. in*-4. *rel.* dont :

5--5 Dictionarium lat. gallicum, auct. Danetio, et Diction. franç. lat. par Le Brun. *Paris*, 1756, 2 *vol. v. b. et dem. rel.*

19-35 Sophoclis Tragœdiæ, gr. et lat. curante J. Capperonerio. *Parisiis*, 1781, 2 *vol. bas.*

46--5 Collectio Pisaurensis omnium poematum, carminum latinorum. *Pisauri*, 1766, 6 *vol. v. m.*

9--5 { Horatius, cum notis Lambini. *Lutetiæ*, 1580, *v. b.* Tables chronologiques de l'hist. universelle, par Blair. *Paris*, 1795, *cart.*

12---- Arriani Epictetus, gr. et lat. = Simplicius, gr. *Venetiis, fratres de Sabio*, 1528, 1 *vol. vél.* Première Edition. Rare.

N° IV. 50 *vol. in*-8. dont :

66--5 Lycée, ou Cours de Littérature, par La Harpe. *Paris*, *an* VII, 19 *vol. bas.*

18--5 Œuvres complètes de Mably. *Lyon*, 1792, 12 *vol. dem. rel.*

29--5 Histoire de France pendant le XVIIIe siècle, par Lacretelle. *Paris*, 1810, 6 *vol. v. f.*

35--- Origine de tous les cultes, par Dupuis. *Paris, l'an* III, 12 *vol. bas. et atlas.*

N° V. 76 *vol. in*-12. *rel.*

120--5 Histoire naturelle de Buffon. *Paris, de l'Imp. roy.* 76 *vol. fig. v. m.* savoir : Hist. nat. 31 *vol.* = Oiseaux, 18. = Minéraux, 9. = Supplément, 14. = Serpens et Ovipares, 4.

N° VI. 49 *vol. in*-8. dont :

18--25 Les Comédies de Térence, en lat. et en françois, trad. par Le Monnier. *Paris*, 1771, 3 *vol. fig. v. rac.*

Mlle Bodot.

Delau

chobec.

p

m^e pichard.
Caillean
p
chimot.

Le Clerc.

Cauette.

relié en papier

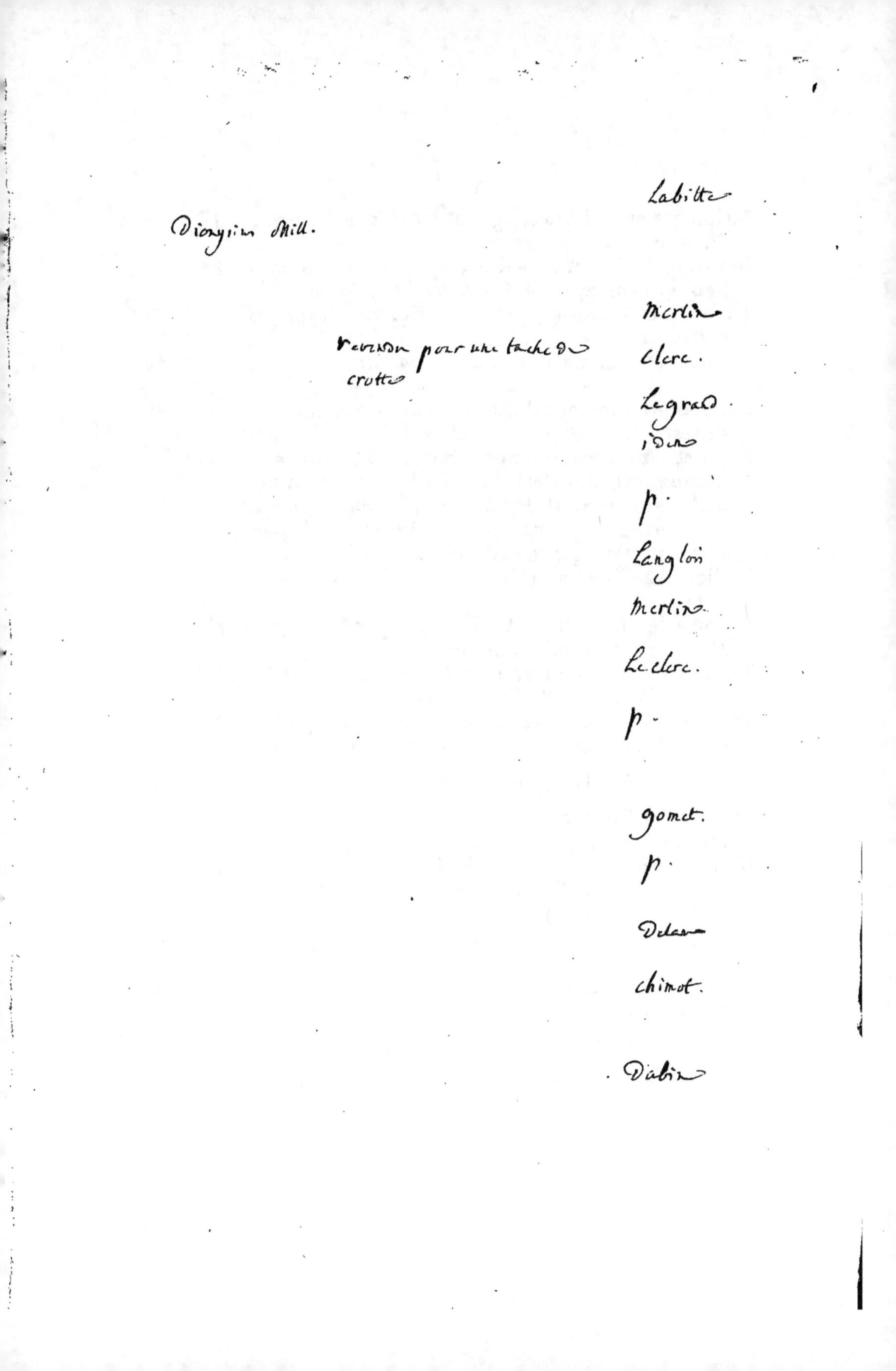

Dionysius Mill.

révision pour une tache de
crotte

Labitte

Merlin
Clerc.
Legrand.
1 D...

p.

Langlois
Merlin
Leclerc.

p.

gomet.
p.

Delar...

chimot.

. Dabin

(3)

Scriptores erotici græci, gr. et lat. *Biponti*, 1792 ,
3 *vol. v. rac.*

Dionysius Halicarnassensis , gr. et lat. edente
Reiske. *Lipsiæ,* 1774, 6 *vol. dem. rel. dos de m.*

Thucydidis Historiæ, gr. et lat. *Biponti*, 1788 , 6
vol. v. rac.

Horatius, cum notis Baxteri. *Londini*, 1725 , *v.*
rac.

Xenophontis memorabilia, gr. et lat. studio J. A.
Ernesti. *Lugd. Bat.* 1772 , *dem. rel.*

F. Sanctii Minerva, cum notis var. *Amst.* 1761, *v. b.*

Morceaux extraits de Pline, en lat. et en franç.
trad. par Gueroult. *Paris*, 1809, 2 *vol. dem. rel.*

Hist. naturelle des Animaux, de Pline, trad. par
le même. *Paris*, 1802 , 3 *vol. dem. rel.*

Bibliotheca Rhetorum, auct. Le Jay. *Paris.* 1809,
2 *vol. bas.*

Histoire de Thucydide, trad. du gr. par Levesque.
Paris, 1795, 4 *vol. dem. rel.*

Tacite, en lat. et en franç. trad. par Dureau de La
Malle. *Paris*, 1808, 5 *vol. v. rac.*

Voyage d'Anacharsis en Grèce, par l'abbé Barthé-
lemy. *Paris*, *l'an* VII , 7 *vol. et atlas in-*4. *v. rac.*

Nº VII. 47 *vol. in-*8. dont :

Œuvres de Plutarque, trad. par Amyot. *Paris*,
1801, 25 *vol. fig. v. porph. dent.*

Jérusalem délivrée, poëme du Tasse, trad. de l'ita-
lien, par M. Le Brun. *Paris*, 1774, 2 *vol. fig.*
dent. Gr. Pap. papier fauve

Œuvres de Sénèque le Philosophe, trad. par La
Grange. *Paris*, *l'an* III, 6 *vol. dem. rel.*

Antiquités romaines, par Adam, trad. de l'anglois.
Paris, 1818 , 2 *vol. br.*

Nº VIII. 43 *vol. in-*8. dont :

Histoire de la Décadence de l'empire romain, par

Gibbon, trad. de l'angl. *Paris*, 1788, 18 *vol.* dem. rel.

2o - - ~ Cours d'Etude, par Condillac. *Paris*, 1796, 16 vol. dem. rel.

4 - - 5 Les Trois Fabulistes, publ. par M. Gaïl. *Paris*, 1796, 4 *tom. en* 3 *vol.* dem. rel.

N° IX. 31 *vol. in-*8. dont :

17 - - 5o Histoire philosophique, par Raynal. *Genève*, 1783, 10 *vol. v. éc.*

13 - - - Dictionnaire de lá Fable, par Noël. *Paris*, 1803, 2 *vol. cart.*

9 - - - Œuvres de Dumarsais. *Paris*, 1797, 7 *vol. cart.*

N° X. 34 *vol. in-*4. *et in-*8. dont :

11 - - 3o Dictionnaire françois-allemand. *Lausanne*, 1801, 2 *vol. in-*4. *br.*

2o - - 9f Dictionnaire de l'Académie. *Paris*, 1814, 2 *vol. in-*4. *br.*

12 - - - M. Tull. Ciceronis Orationes. *Parisiis*, 1738, 3 *vol. in-*4. *vél.*

12 - - 3o Dictionnaire grec-françois, par Planche. *Paris*, 1809, *in-*8. *bas.*

3 - - 5f Dictionnaire françois-anglois, par Boyer. *Lyon*, 1768, 2 *vol. in-*8. *bas.*

6 - - - Valère Maxime, trad. du lat. par Binet. *Paris, l'an* IV, 2 *vol. in-*8. *cart.*

8 - - - Grammaire des Grammaires, par Girault Duvivier. *Paris*, 1814, 2 *vol. in-*8. *br.*

N° XI. 52 *vol. in-*8. dont :

23 - 1o Géographie, par Mentelle et Malte-Brun. *Paris*, 1803, 15 *vol.* dem. rel. *et atlas.*

18 - - - Contes et Nouvelles en vers, par de La Fontaine. *Amst.* 1764, 2 *vol. fig. m. r.*

7 - - 5o Œuvres choisies de La Harpe. *Paris*, 1806, 4 *vol.* dem. rel.

Leclerc

p

Leclerc

p

Delaue

Roannet.

p

Delau

p

p

m.lle Bodot.

p

Cordier

giron

Cailleau

il marque le tome 16, et l'atlas est imparfait

revision a cause d'imperfection et
mouillure.

Roannet

Delau

p.

Le Clerc.

Delau

p.

p.
p.

p.

gobet

p.

gobet.

Cordier

m.lle Bodet

goblu

[illegible]

Roannet.

Œuvres de Racine, avec le Comment. de La Harpe. 26. - 9
    Paris, 1807, 7 *vol. v. rac.*

Le Roman comique, par Scarron. *Paris, l'an* IV, 8. -5.
    3 *tom. en* 2 *vol. fig. v. rac.*

Œuvres de Montesquieu. *Basle*, 1799, 8 *vol.* 12.85
    dem. rel.

Œuvres de mad. Riccoboni. *Paris*, 1786, 8 *vol. fig.* 23. 5
    bas. dent.

N° XII. 92 *vol. in-*12.

Œuvres complètes de Voltaire. *Kehl, de la société* ~~115~~
    litt. typographique, 1785, 92 *vol. bas. Papier à* 130.
    la Croix.

N° XIII. 56 *vol. in-*12. dont :

Histoire de France, par Velly, avec l'avant Clovis. 34 - 65
    Paris, 1755, 32 *vol. v. m.*

Mémoires de Sully. *Londres*, 1778, 8 *vol. bas.* — 13. 80

Œuvres de Thomas. *Paris*, 1773, 4 *vol. v. éc.* . 5. 95

Etat et Délices de la Suisse. *Basle*, 1776, 4 *vol. fig.* - 4
    dem. rel.

N° XIV. 62 *vol. in-*12. dont :

De l'Allemagne, par madame de Staël. *Paris*, 1815, 5. -9 5
    3 *vol. dem. rel.*

Histoire de Cleveland, par l'abbé Prevost. *Paris,* G.
    1808, 6 *vol. dem. rel.*

Le Doyen de Killerine, par le même. *Lille*, 1771, 4. 15
    3 *vol. v. éc.*

Histoire du Chev. Grandisson, trad. de l'anglois, 5. 25
    par le même. *Amst.* 1776, 4 *vol. v. m.*

Le Théâtre de la Foire. *Paris*, 1737, 10 *vol. v. m.* 7. 60

Théâtre de Pannard. *Paris*, 1763, 4 *vol. v. m.* - - - 3. 80

Chefs-d'Œuvre de Dancourt. *Paris*, 1783, 4 *vol.* 2. 85
    dem. rel.

Chefs-d'Œuvre de Corneille. *Paris*, 1785, 3 *vol. v. m.* 4. 20.

Œuvres de Virgile, en lat. et en françois. *Paris,* 7. 70

1780, 4 *vol. bas.* = Horace de Sanadon. 1756, 3 *vol. bas.*

3 - - OEuvres de Vadé. *Londres,* 1785, 6 *vol. in-*18. *bas.*

N° XV. 70 *vol. in-*12.

28 - 10 Histoire Ancienne, par Rollin. *Paris,* 1769, 14 *vol. bas.*

31 . 60 = Romaine, par le même. *Paris,* 1786, 16 *vol. bas.*

36 - - - = Du Bas-Empire, par Le Beau. *Paris,* 1757, 24 *vol. bas.*

22 - — = Des Empereurs, par Crevier. *Paris,* 1763, 12 *vol. v. m.*

7 - . 35 Traité des Etudes, par Rollin. *Lyon,* 1808, 4 *vol. bas.*

N° XVI. 58 *vol. in-*12. dont :

13 - - 10 Précis de l'Histoire universelle, par Anquetil. *Paris,* an VII, 9 *vol. dem. rel.*

5 . 15 - - - Corn. Taciti Opera, cum not. G. Brotier. *Parisiis,* 1776, 7 *vol. cart.*

11 - - - Titi Livii Historiæ, ex recens. J. B. L. Crevier. *Parisiis,* 1785, 6 *vol. bas.*

3 . . 55 Poetæ Minores Græci, gr. et lat. cum observ. Rad. Wintertoni. *Cantab.* 1700, *dem. rel.*

5 - - - Quintilien de l'Institution de l'orateur, trad. par Gedoyn. *Paris,* 1770, 4 *vol. bas.*

7 - - - Les Tragédies d'Euripide, trad. du grec par Prevost. *Paris,* 1782, 4 *vol. bas.*

4 - - 80 Lucrèce, trad. par La Grange, avec le texte en regard. *Paris,* an VII, 2 *vol. bas.*

N° XVII. 70 *vol. in-*12. dont :

4 - - 10 OEuvres de Virgile, trad. par Desfontaines, avec le texte en regard. *Paris,* 1770, 4 *vol. bas.*

5 - - - Principes de la Littérature, par l'abbé Batteux. *Paris,* 1774, 5 *vol. bas.*

7 - - 5 Histoire de miss Clarisse Harlowe, trad. de l'angl. de Richardson. *Paris,* 1777, 7 *vol. v. m.*

P

Le Clerc

idem

P

gregoire fils

P

M.lle Hodot

M.lle Hodot

Le grand

Hodot

M.lle Hodot

P

Delans

Langlois.

P

grègoire fils .

p.

giroux

p.

p.

p.

p.

p.

p.

~~rendu imparfait d'un feuillet, et mis un exemple de~~
~~la pucelle de voltaire in 8°. fig~~
~~caillard laquelle rend ————————————— 3 tt.~~

Cazotte   complet
Langlois
gomel
m.lle bodot

p.

p.

Delano

p.

Clere

Le Spectateur, trad. de l'anglois. *Paris*, 1754,   *15. 60.*
  9 *vol. bas.*
OEuvres de Boileau. *Paris*, 1809, 3 *vol. dem. rel.*   *3 - 65*
= De l'abbé de Saint-Réal. *Amst.* 1740, 6 *vol. v. m.*   *6 - 40.*

N° XVIII. 87 *vol. in*-12. dont :

OEuvres choisies de Cervantes, trad. par Bouchon *12 - 30.*
  Dubournial. *Paris*, 1807, 8 *vol. fig. dem. rel.*
La Folie espagnole, par Pigault-le-Brun. *Paris*, *5 - 20.*
  1801, 4 *vol. dem. rel.*
Corinne, ou l'Italie, par madame de Staël. *Paris*, *4 - 60.*
  1812, 3 *vol. dem. rel.*
Delphine, par la même. *Paris*, 1809, 6 *vol. br.* - - *5 - 5.*
Les Veillées du château, par madame de Genlis. *5 - 90*
  Paris, 1804, 3 *vol. dem. rel.*
Le Testament, par Auguste La Fontaine. *Paris*, *5 - 55.*
  1812, 5 *vol. dem. rel.*
Les Mille et un Jours, contes persans, trad. par *6 - 10.*
  Petis de La Croix. *Paris*, 1766, 5 *vol. bas.*

N° XIX. 39 *vol. in*-8. dont :

Isocratis Orationes, gr. et lat. *Parisiis*, 1621, *bas.* *3 - 10.*
Luciani Opera, gr. et lat. *Salmurii*, 1619, 2 *vol. v. b.* *5 - 5.*
Dictionnaire de la Fable, par Chompré et Millin. *6 - 15*
  Paris, 1801, 2 *vol. cart.*
Satires de Perse, trad. par Selis, avec le texte en *2 - 50.*
  regard. *Paris*, 1776, *dem. rel.*
Leçons de Littérature et de Morale, par Noël et de *7 - 5.*
  La Place. *Paris*, 1805, 2 *vol. dem. rel.*
Mémoires de Goldoni. *Paris*, 1787, 3 *vol. dem. rel.* *3 - 60.*
Shakespeare, trad. de l'anglois, par Le Tourneur. *30 - 40.*
  Paris, 1776, 20 *vol. bas.*

N° XX. 86 *vol. pet. in*-12. dont :

OEuvres de Molière, avec les notes de Bret. *Paris*, *9 - 5.*
  1778, 8 *vol. v. m.*
= D'Alexis Piron. *Paris*, 1775, 9 *vol. v. m.* - - - *7 - 80.*

(8)

8.. _ OEuvres de Regnard. *Paris*, 1758, 4 *vol. m. r.*

6   Théâtre de Voltaire. *Londres,* 1782, 10 *vol. fig. v. m.*

8..55 OEuvres de Destouches. *Paris*, 1774, 10 *vol. v. m.*

11..15 Contes de J. Boccace, trad. en franç. *Londres*, 1779,
    10 *vol. fig. v. éc.*

3..25 OEuvres de La Chaussée. *Paris*, 1762, 5 *vol. v. m.*

N° XXI. 60 vol. in-12. dont :

45 _ _ OEuvres complètes de J. J. Rousseau. *Kehl, de
    l'imp. de la Soc. lit. typ.* 1783, 34 *vol. bas.*

N° XXII. 110 vol. in-12. la plupart brochés, dont :

2 - 70 Plinii Epistolæ et panegyricus. *Lugd. Bat. ex offic.
    Elzeviriana,* 1640, *vél.*

1..85 { Selecta Senecæ Phil. Opera. *Paris. Barbou,* 1761, *v. m.*
    { Aug. Alsteni liber de juventutis institutione.
    { *Amst. Lud. Elzevirius,* 1653, *vél.*

2..35 { Frontini Strategemata, ed. Valart. *Paris.* 1763, *bas.*
    { Senecæ Tragœdiæ, cum not. Farnabii. *Lugd.* 1657,
    { *v. b.*
    { Plauti Comœdiæ, cum not. Farnabii. 1610, *v. b.*

Les Livres seront exposés dans l'ordre qui suit :

1re vacation, le lundi 15 octobre 1821.

Les n°s XXII, XX, XVII, XVIII, X, II, IV, XIX, XV,
VII, XXI, XII.

2e vacation, le mardi 16.

Les n°s XIV, XVI, XIII, XI, I, III, VIII, IX, VI, V.

A Paris, chez MM. { DE BURE frères, Libraires du Roi et de la
    Bibliothéque du Roi, rue Serpente, n° 7.
    LAURENS, Commissaire-Priseur, rue de la
    Monnoie, n° 5.

DE L'IMPRIMERIE DE GRAPELET.

giroux
p.
chimot.
Delan
p.

le clerc.

giroux

idem

idem

il manque le ~~2.e~~ 2.e

Montant Des Vacations.		acheté	
1.re — — — — — 1154..65.		1.re vac — — — — — 00..00.	
2.de — — — — 1101..60		2.de — — — — — 179..05	
total — — 2256.25		total — — 179..05.